L'ANNÉE GALANTE,

BALLET HEROÏQUE;

REPRESENTÉ

PAR L'ACADEMIE ROYALE DE MUSIQUE;

A VERSAILLES

Les 13 & 20 Février 1747.

ET POUR LA PREMIERE FOIS A PARIS

Le Mardi 11 Avril de la même Année.

Alma Venus totum dignissima temperat annum.
Ovid. Fastor. I.

Des diverses Saisons la fuite, & le retour,
Tout releve, & remplit le regne de l'Amour.

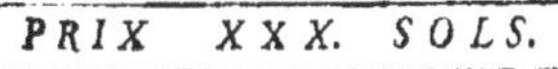

PRIX XXX. SOLS.

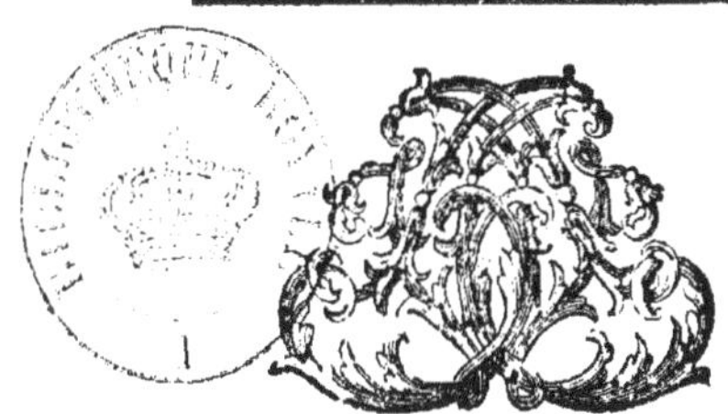

AUX DEPENS DE L'ACADEMIE.

On trouvera les Livres de Paroles à la Salle de l'Opera & à l'Academie Royale de Musique, rue S. Nicaise.

M. D. CCXLVII.

AVEC APPROBATION ET PRIVILEGE DU ROY.

Les Paroles de Monsieur ROY, *Chevalier de l'Ordre de S. Michel.*

La Musique de Monsieur MION, *Pensionnaire du Roi.*

AU ROI.

GRAND ROI, quand ta sagesse & ton active ardeur,
Des Lys, de jour en jour, augmentent la splendeur,
A tes délassemens ma Muse destinée
Sous les traits du Plaisir te présente l'année.
Sous les traits du Travail & des projets guerriers
Mars l'offre à tes regards couverte de lauriers,
Minerve te la peint sous l'image feconde
De tes soins vigilans pour le repos du monde.
L'Hymen, qui pour ton Fils forme de si beaux nœuds,

Précédé par l'Amour, environné des Jeux,
L'Hymen ouvre l'année, & de ſi doux auſpices
Conſacrent du Plaiſir la pompe & les délices.
Dans ces jours fortunés j'oſe élever ma voix :
Le talent s'enhardit par l'honneur de ton choix.

A tout ce qu'un beau regne enfantoit de miracles,
Ton immortel Ayeul ajouta nos Spectacles.
Un charme ſouverain de l'oreille, & des yeux,
Evoque les Héros, fait deſcendre les Dieux;
Les ſons de Polimnie appellent ſur ſes traces
Terpſicore & les Ris dirigés par les Graces;
D'un art ingénieux les preſtiges charmans
Imitent le reſſort, le jeu des élemens,
Et l'Amour, en triomphe amené ſur la ſcene,
Sçait de nouveaux attraits embellir Melpomene.
Nobles amuſemens, & dignes du Héros,
Qui du progrès des Arts occupoit ſon repos!
Tu nous rends ſes vertus, ſes rapides conquêtes,
Tout l'éclat de ſa Cour, l'appareil de ſes Fêtes.
Quel bonheur, ſi nos ſoins remplaçoient aujourd'hui
Les talens, que les Dieux firent naître pour lui!

ROY.

L'ANNÉE GALANTE.

ACTEURS CHANTANS

Dans les Chœurs.

CÔTE' DU ROI.

Meſdemoiſelles.	*Meſſieurs.*
Dun.	Lefebvre.
Tulou	Marcelet.
	Le Page C.
Delorge.	Laubertie.
Larcher.	Fel.
	Bourque.
Delâtre.	Houbault.
	Bornet.
Cazeau.	Duchênet
Daliere.	Gallard.
	Rochette.
Chedville.	Pinot.

CÔTE' DE LA REINE.

Meſdemoiſelles.	*Meſſieurs*
Cartou.	Deſerre.
Monville.	Gratin.
	S. Martin.
Riviere.	Le Meſle.
Maſſon.	Sequeval.
Rôllet.	Bellanger.
Delorme.	Levaſſeur.
	Belot.
Lablotiere.	Loüatron.
Somerville.	Chapotin.
Gondré.	Dugué.

PROLOGUE.

Jane biceps, anni tacite labentis origo, . . .
Præsideo foribus cœli cum mitibus Horis. Fastor. 1°.

Janus préside au Tems, il ramene les Jours,
Les Heures qu'il dirige en remplissent le cours.

*L'Idée de ce Prologue est tracée dans le premier Livre des fastes d'Ovide. Janus y est peint, ouvrant les portes du ciel aux Heures. Il commence l'année, il la distribue au Travail & au Repos, deux Divinités connues sous les noms d'*AGENORIE *& de* MURCIE*, qui avoient un temple à Rome.*

ACTEURS
DU PROLOGUE.

JANUS,	Mr. le Page.
AGENORIE,	Mlle Coupée.
MURCIE,	Mlle Jacquet.

PERSONNAGES DANSANS.
LES HEURES.

Mlle Le Breton.

Mlles Rozaly, Petit, Puvigné, Sauvage, Minot, Duchateau, Lyonois, C. Devaux.

LA JEUNESSE.

Mlle Puvigné.

LES SAISONS.

Borée.	Mr Lyonois.
Oritie.	Mlle Courcelle.
Zephire.	Mr Levoir.
Flore.	Mlle Saint Germain.
Vertumne.	Mr Matignon,
Cerés,	Mlle Pitro.
Bacchus.	Mr Monſervin.
Ariane.	Mlle Beaufort.

PROLOGUE.

PROLOGUE.

Le théatre repréſente le palais de JANUS *: ce Dieu eſt ſur ſon trône, il tient un ſceptre pour commander à l'année : Il eſt environné des Mois & des Saiſons.* AGENORIE, *Déeſſe du travail, paroît debout ſur un trophée d'armes & d'inſtrumens avec un Coq, ſimbole de la vigilance. Vis-à-vis eſt* MURCIE *Déeſſe de l'oiſiveté, couchée ſur un lit de pavots & de roſes, une tortuë à ſes pieds.*

JANUS, AGENORIE, MURCIE.

JANUS.

LEGERES filles du Tems,
Revenez ſur vos pas, c'eſt moi qui vous appelle,
Heures, recommencez la carriere nouvelle
Des jours, des mois, & des ans.

LES HEURES paroiſſent.

CHŒUR DES HEURES.

C'eſt Janus qui nous appelle,
Sa voix annonce les tems :
Formons la chaîne éternelle
Des jours, des mois, & des ans.

Danſe des Heures.

AGENORIE.

Heures, ſoyez à moi, je vous donne à la Gloire.
Par le travail le tems eſt annobli.
Un moment digne de mémoire
Vaut mieux qu'un ſiecle enſeveli
Dans l'indolence, & dans l'oubli.

MURCIE.

Pourquoi courir à la peine ?
Fuyez la Maîtreſſe inhumaine,
Dont le joug vous eſt préſenté.
Les douceurs de l'oiſiveté
Font le charme de la vie :
Les Dieux m'ont choiſie
Pour leur félicité.

JANUS.

Rivales, qui du Tems vous diſputez l'empire ;
Sources du vrai bonheur où l'univers aſpire,

Regnez, mais tour-à-tour : Déesse du loisir,
Prêtez à la foiblesse un appui necessaire :
Vous, par un travail salutaire,
Préparez le retour, & le goût du plaisir.

AGENORIE.

Volez Guerriers, volez aux rapides conquêtes,
Qui d'un Roi triomphant signalent tous les ans,
Goutez de ses travaux les succès éclatans.

MURCIE.

A l'ombre des lauriers, à l'abri des tempêtes,
Peuples, voyez couler les tranquiles momens,
Qu'il embellit pour vous par de brillantes fêtes.

JANUS.

Il prépare, il soumet tous les évenemens :
Des diverses Saisons, sa vertu fait usage.

AGENORIE & MURCIE.

Toutes lui doivent leur hommage.

JANUS.

Vous, qui des Dieux dispensez les bienfaits,
Saisons, à ses regards rassemblez vos attraits.

Que des fleurs du Printems la terre se couronne,
Eté, prodiguez-lui vos fecondes ardeurs,
Arbres, soyez courbés sous les fruits de l'Autonne;
Vous, Hyver, des Saisons recueillez les faveurs.

Danse des Saisons.

JANUS.

Volez Heures, volez, & gravez dans les cieux.
Le moment du bonheur du monde :
De l'avenir l'obſcurité profonde
Se dévoile à mes yeux...
L'Hymen a réuni le plus beau Sang des Dieux ;
Que la Terre aplaudiſſe, & que le Ciel réponde.
L'Amour que célébrent vos chants,
Ne fit jamais briller de plus heureux préſages;
Jamais l'Amour n'a mérité d'hommages
Plus ſinceres & plus touchans.

On Danſe.

AGENORIE, & LE CHŒUR.

On célébre, on révére
Tous les Dieux tour-à-tour,
Leur gloire eſt paſſagere,
Chacun n'a que ſon jour ;
Mais L'ANNÉE entiére
Eſt la fête de l'Amour.

On Danſe.

MURCIE, & LE CHŒUR.

Des vœux purs & fidelles,
Exprimés ſans détour,
Préférences mutuelles,
Doux aveux, tendre retour,
Voilà l'encens des Belles,
Et la fête de l'Amour.

FIN DU PROLOGUE.

L'HIVER.

Mutua ſeſe inter læti convivia jungunt,
Indulget genialis Hiems, curaſque reſolvit. Georgic. 1°.

Libre de ſoins & de travaux,
Par le plaiſir L'HIVER ouvre l'Année :
Aux danſes, aux feſtins la ſaiſon deſtinée
Le diſpute à des jours plus ſereins, & plus beaux.

ON a peint L'HIVER ſous l'aſpect le plus riant, On le caracteriſe par le repos de la Nature, par les charmes de la ſocieté, par les délices de la table, qui dépendent de la galanterie, & de l'enjoûment, autant que de l'Abondance.

COMUS, Dieu des fêtes, des réjouiſſances, arbitre du goût, & qui préſidoit à la parure, & aux toilettes, s'unit à Venus, qu'on a placée dans la plus favorable époque, dans le tems où elle jouit encore de tous ſes droits à l'eſtime des hommes & des Dieux.

MOMUS & les Graces doivent rendre la fête complette. Par leur alliance, la plaiſanterie devient plus douce, & les agrémens plus piquans.

On a donné à ces perſonnages des motifs de quitter le ciel pour la terre, où il falloit placer la ſcéne. Si cette fiction n'eſt pas d'Ovide, elle eſt une légere imitation des ſiennes.

ACTEURS CHANTANS.

VENUS,	Mlle Chevalier.
EUPHROSINE,	Mlle Coupée.
COMUS,	Mr de Chassé.
MOMUS,	Mr. Poirier.

PERSONNAGES DANSANS.

SUITE DE MOMUS.

Mrs Dangeville, Hamoche, F. Dumoulin, Duval.

SUITE DE COMUS.

Mlle Dallemand.

Mr Levoir, Mlle Lyonois,

Mrs Matignon, Dumay.
Mlles Sauvage, Thierry.
Mrs Feuillade, Lyonois.
Mlles Minot, Briseval.

L'HIVER.

Le théâtre représente des arbres dépouillés, des rochers couverts de neige & de glaçons.

SCENE PREMIERE.

VENUS, EUPHROSINE.

VENUS.

SANS ma fuite, Vulcain devenoit mon époux.
Il falloit éviter une chaîne cruelle.
Mais vous, ma compagne fidelle,
Vous regardez le ciel, le regreteriez-vous ?

EUPHROSINE.

Je croyois la terre plus belle.

Vous m'annonciez un ſpectacle flateur,
Des ruiſſeaux argentés, un verdoyant feuillage,
Des fleurs, des fruits le riant aſſemblage;
La terre me paroît d'une ſeule couleur.

VENUS.

De Flore & de Cérès l'Hiver détruit l'ouvrage;
Mais qu'importe un azile agréable ou ſauvage,
S'il me rend ma tranquilité?

EUPHROSINE.

Le Ciel vous menaçoit d'un fatal eſclavage;
Reſpirez l'allegreſſe avec la liberté.

VENUS.

Souhaitez-moi toujours un cœur libre & paiſible.

EUPHROSINE.

Aux empreſſemens des Dieux
Vous êtiez ſi peu ſenſible!

VENUS.

L'empreſſement n'eſt pas ce qui ſéduit le mieux;
Un Amant plus diſcret, plus ſoumis, plus ſincere,
Peut-être trouveroit le ſecret de me plaire?
J'avois cru l'oublier en m'éloignant des cieux.

EUPHROSINE.

Et ſon image encor vous en devient plus chere

VENUS.

VENUS.

Elle me ſuit juſqu'en ces lieux.

Un ſonge cette nuit a calmé mes allarmes.
Non, je veillois, un ſonge a moins de charmes.

Un Dieu s'offroit à mes regards,
Plus âgé que l'Amour, & plus jeune que Mars.
La nuit & les frimats fuyoient ſur ſon paſſage :
Il étoit entouré de vaſes précieux ;
Ses autels reſſembloient à la table des Dieux.
De Bacchus, de Pomone, il recevoit l'hommage,
Couronné de lierre, il chantoit avec eux.
Moins d'art que de tranſports.... Concerts délicieux!
Les plus tendres ſermens m'aſſuroient de ſa flâme...
Une céleſte joye éclatoit dans ſes yeux,
Elle a paſſé juſqu'au fond de mon ame.

EUPHROSINE.

De Comus dans ce ſonge on reconnoît les traits:
Mais d'une vaine erreur vous laiſſez-vous ſéduire ?
Trop néceſſaire aux Dieux, pour les quitter jamais,
Qui pourroit ici le conduire ?

On entend gronder les vents.

EUPHROSINE.

Quel bruit affreux ! Quels vents !

VENUS.

Ces tyrans des hivers
Sans nous cauſer d'effroi peuvent troubler les airs.

SCENE II.

VENUS, EUPHROSINE, CHŒURS, *derriere le théâtre.*

CHŒUR.

CHantons à l'abri de l'orage,
Qu'il anime encor nos chanſons,
Des Aquilons bravons la rage,
Et le caprice des ſaiſons.

VENUS.

Il eſt donc des plaiſirs que l'Hiver fait renaître.

EUPHROSINE.

Sçachons à qui l'on doit ces ſons harmonieux.

VENUS.

Fugitives, craignons les regards curieux.

EUPHROSINE.

Obſervons tout, avant que de paroître.

CHŒUR.

Chantons, &c.

SCENE III.

Le Palais de Comus s'ouvre : il y paroît avec sa suite, & tout l'appareil d'un festin.

COMUS, MOMUS, CHŒUR.

CHŒUR.

REgnez, divin Comus, l'Hiver vous doit sa gloire :
La saison des frimats sert à votre victoire.

MOMUS.

Les Dieux de ton triomphe ont dressé l'appareil ;
Voi Pomone & Bacchus unis sous ton empire ;
Voi leurs dons embellis des baisers du Zéphire,
Et des doux regards du Soleil.

CHŒUR.

Regnez, *&c.*

On danse.

COMUS, & MOMUS.

Folâtrer, boire & rire,
C'est l'art de maîtriser le tems.

CHŒUR.

Doux & sage délire,
Tu rens sereins tous nos instans.

MOMUS.

Ne doit-on les beaux jours

Qu'au Soleil, à l'Aurore ?

Momus. Tu peux } en faire encore
Comus. Je peux } Eclore.

CHŒUR.

Notre bonheur t'honore :
Sous tes loix l'âge d'or recommence son cours.

COMUS.

Les trésors, les grandeurs
Ne sont qu'un esclavage.

CHŒUR.

Songes flateurs,
Trompeuse image !

COMUS, & MOMUS.

Momus. { Aux présens dont tu fais usage,
Comus. { Aux présens dont j'offre l'usage
Le partage
Ajoute un prix.

CHŒUR.

Rien ne fait ombrage
A tes favoris.

On danse.

CHŒUR.

Regnez, divin Comus, l'Hiver vous doit sa gloire :
La saison des frimats sert à votre victoire.

SCENE IV.

VENUS, EUPHROSINE, COMUS, MOMUS, CHŒUR.

VENUS, à part.

MOn ſonge s'accomplit, ou renaît à mes yeux....
C'eſt Comus que je vois: quelle magnificence!

à COMUS.

Vous, Comus!.. Eh qui peut dédommager les Dieux
Du charme de votre préſence?

COMUS.

Les Dieux n'ont rien à ſouhaiter.
Les Fêtes, dont je ſuis l'inventeur & le maître,
Autrefois ſçavoient les flatter;
Tout leur étoit nouveau, tout pouvoit le paroître:
Le goût s'épure trop à ſentir, à connoître.
Les mortels, nés pour déſirer,
Ne vivent que pour m'implorer.

VENUS.

Eh! Comus ſe borne à leur plaire!
La terre eſt un ſejour qu'à l'Olympe il préfere!

COMUS.

Vous venez l'embellir : Qu'aurois-je à regretter ?

VENUS.

Quoi, Comus ſi flateur !

COMUS.

Non, il n'eſt que ſincere ;
C'eſt le cœur de Venus qu'il voudroit mériter.

VENUS.

Mais, il a ſçu long-tems ſe taire.

COMUS.

Les plus fiers immortels vous adreſſoient leurs vœux,
J'étois ſoumis à leur puiſſance :
Victime, hélas, de mon obéiſſance,
J'amenois à vos piés les plaiſirs, & les jeux :
Toujours troublé, contraint au milieu de ces fêtes,
L'amour, dont je brûlois, n'oſoit ſe découvrir ;
L'Olympe vous offroit de plus belles conquêtes,
Et je n'avois qu'un cœur à vous offrir.

VENUS.

Les plus éclatans ſacrifices
Sont-ils les plus chers à l'Amour ?
La vanité veut le grand jour,
Le miſtere a d'autres délices.

Un ſonge m'a tracé vos feux,
J'écoutois un Amant ſoumis, empreſſé, tendre...

COMUS.

Quel eſpoir peut flatter ſes vœux ?

VENUS.

Je craignois moins alors de vous l'apprendre.

COMUS.

Pourquoi craindre l'ardeur dont mon cœur eſt épris ?

VENUS.

Vous ſçavez quel malheur m'a contrainte à la fuite ;
Mes plaintes dans le Ciel, mes pleurs vous l'ont apris.
Que ſçai-je ſi la peur des tourmens que j'évite,
D'un autre ſentiment n'affoiblit pas le prix ?

COMUS.

Vous quitteriez des Dieux le Monarque ſuprême,
Vous oubliriez pour moi l'honneur de l'enflâmer,
Que rien n'ajouteroit à la tendreſſe extrême,
Dont je me ſens animer :
Non, non, Venus pour charmer
N'a beſoin que d'elle-même.

VENUS.

Vous fixer, ce feroit trop exiger de vous:
Arbitre des plaifirs, on vous cherche, on vous aime;

COMUS.

Un regard de Venus fçait les raffembler tous.

VENUS.

Si Comus s'occupoit de fa feule tendreffe,
Le monde y perdroit les beaux jours.
Infpirez, reffentez la plus vive allegreffe,
Pour la confacrer aux Amours.

ENSEMBLE.

Le doux Plaifir s'envole de la table;
Ce n'eft que par l'Amour qu'il peut être arrêté.
Venus. Le goût tient à la nouveauté.
Comus. Le fentiment eft plus durable.

COMUS.

Que Venus regne en ces lieux,
Elle manquoit à notre empire:
Elle attire
Les ris, les jeux,
Elle infpire
Les tendres feux:
Un regard de fes yeux,
Un fourire
Nous ouvre les cieux.

CHŒUR.

CHŒUR.

Que Venus regne en ces lieux,
Elle manquoit à notre empire :
Elle attire
Les ris, les jeux,
Elle inſpire
Les tendres feux :
Un regard de ſes yeux,
Un ſourire
Nous ouvre les cieux.

On danſe.

COMUS, VENUS, MOMUS, EUPHROSINE.

Bruyant fracas,
Pompeux embarras,
Notre azile
Ne vous regrette pas.

CHŒUR.

Qu'il eſt tranquile,
Qu'il a d'appas !
Le plaiſir fertile
Naît ſous ſes pas.

MOMUS, & COMUS.

Rendons au monde
La liberté,

TOUS QUATRE.

Source féconde
De volupté.

VENUS, & EUPHROSINE.

L'aimable guide
Que le penchant!

TOUS QUATRE.

Il nous décide
Dans un instant.

COMUS, & MOMUS.

Que le caprice
Soit respecté.

TOUS QUATRE.

Qu'il embellisse
La nouveauté.

CHŒUR.

Bruyant fracas, *&c.*

COMUS, & MOMUS.

Que la Folie
Fasse leçon.

TOUS QUATRE.

Qu'elle plie
L'orgueilleuſe Raiſon.

EUPHROSINE, & MOMUS.

EUPHROSINE. { Juge ſincere,
Puiſſent tes traits
Toujours plaire !

MOMUS. { Grace légere
Prête à mes traits
Dequoi plaire,

ENSEMBLE.

Sans bleſſer jamais.

VENUS, & COMUS.

Qu'ici fleuriſſent
Tous les Plaiſirs,

TOUS QUATRE.

Qu'ils rempliſſent
Tous nos deſirs.

CHŒUR.

Bruyant fracas,
Pompeux embarras,

Notre azile
Ne vous regrette pas.
Qu'il eſt tranquile,
Qu'il a d'appas!
Le plaiſir fertile
Naît ſous nos pas.

On danſe.

FIN DE LA PREMIERE ENTRÉE.

LE PRINTEMS.

Et formoſa Venus formoſo tempore digna eſt !
Nec Veneri tempus quam ver erat aptius ullum.

Faſtor. 4°.

Dans ce réveil de la Nature,
La terre s'ouvre , l'air s'épure :
La terre rend la vie à tous ſes habitans ;
Quand Venus vint au monde , on étoit au Printems.

ON a raſſemblé tous les objets du Printems, le dégel des eaux , l'ouverture des feuilles , & la naiſſance des fleurs.

ZEPHIRE & FLORE , *ſéparés pendant l'hiver par la violence d'Aquilon , ſe retrouvent, & renouvellent de tendreſſe.* FLORE *étoit rentrée dans le ſein de la terre ,* ZEPHIRE *languiſſoit de* [illegible]*ſence ,* ZEPHIRE *plus conſtant qu'il ne paroît l'être : Le réhabiliter ainſi , a paru le ſeul moyen de le rendre intereſſant.*

ACTEURS CHANTANS.

ZEPHIRE,	Mr Jeliote.
FLORE,	Mlle Fel.
UN RUISSEAU,	Mr Albert.
UNE NAYADE,	Mlle Jaquet.

PERSONNAGES DANSANS.

RUISSEAUX.

Mrs Caillez, Malter-C. Dupré, P. Dumoulin.

NAYADES.

Mlle Carville.

Mlles Rozaly, Petit, Puvigné, Duchâteau.
Lyonnois-C. Devaux.

BERGERS, & BERGERES.

Mr D. Dumoulin, Mlle Dallemand.

Mrs Matignon, Dumay, Hamoche, Duval.

F. Dumoulin, Dangeville.

Mlles Courcelles, S. Germain, Thiery, Beaufort,
Minot, Dasenoncour.

LE PRINTEMS.

Le théatre repréſente des jardins ornés de caſcades, & des arbres couverts d'un naiſſant feuillage.

On voit les Ruisseaux *& les* Nayades *appuyés ſur leurs Urnes.*

SCENE PREMIERE.

UNE NAYADE, UN RUISSEAU.

CHŒUR.

LIQUIDES tréſors de ces plaines,
Ondes, coulez en liberté,
L'Hiver, ſous de trop dures chaînes,
Vous tenoit en captivité.
Reprenez, aimables fontaines,
Reprenez votre cours ſi long-tems arrêté.

On danſe.

LA NAYADE.

Naissez riante verdure,
Ornemens que la Nature
A préparés aux Ruisseaux.

LE RUISSEAU.

Ces arbres rajeunis reprennent leur parure.
Ces feuillages nouveaux
Réjouis de notre murmure,
N'attendent plus que les oiseaux.

On danse.

CHŒUR.

Revenez aimable Zéphire,
Ramenez Flore parmi nous.

SCENE II.

ZEPHIRE, LES NAYADES, LES RUISSEAUX.

ZEPHIRE.

FLore ! Qu'entens-je, ô ciel ! Ah, me la rendrez-vous ?
Mais je ne la vois point, j'expire.

LE RUISSEAU, & LA NAYADE.

Et quelle fatalité
A pû vous séparer d'elle ?

Que

Que votre amour la rapelle;
Vous reverrez sa beauté
Comme une beauté nouvelle.

ZEPHIRE.

Je l'ai perdue, helas! Nous étions dans ces lieux.
Voilà cette fontaine, & ces mêmes bocages:
L'Autonne commençoit à fletrir leurs feuillages,
Flore languissoit avec eux:
Mais des soupirs de flâme
Nous animoient tous deux;
C'est le langage de notre ame,
Quand tout à coup un tourbillon affreux
L'enveloppe, l'enleve, elle échape à mes yeux...
Quel rival, Quel dieu me l'arrache?
Où la chercher? quel séjour me la cache?
En vain mes cris plaintifs ont fatigué les Dieux.

LES DRYADES sortent d'entre les arbres, & traversent le Théatre.

CHŒUR DE DRYADES.

Le Printems, qui commence,
Vient nous offrir l'espérance
De jours plus sereins & plus doux.

LE RUISSEAU aux Nayades.

Des Dryades vos sœurs la troupe vous appelle ;
La terre pour leurs jeux déja se renouvelle.

LE RUISSEAU, & LA NAYADE.

A leur danse unissons-nous.

SCENE III.

ZEPHIRE.

Unique & cher objet d'une flâme si pure,
Vous ignorez mon désespoir affreux ;
Je ne me plaindrai plus du tourment que j'endure,
S'il me rend plus cher à vos yeux.

Le Printems de ses dons ici me fait hommage,
De Flore cependant rien ne me dédommage,
Et du moment que je la pers,
Je me crois seul dans l'univers.

Unique & cher objet, *&c.*

SCENE IV.

FLORE, *sortant du sein de la terre avec les fleurs du Printems.*

ZEPHIRE.

FLORE.

SUis-je enfin sur la terre? Hélas! Le jour me blesse.
Le cruel Aquilon, l'auteur de mon effroi,
Dans ces lieux regne-t'il sans cesse?
Zephire, où te trouver? Cher Zephire, eh pourquoi
Me fait-on renaître sans toi?

ZEPHIRE.

Enfin le ciel la rend à ma tendresse.

FLORE, sans le voir.

C'est lui, sa voix parle à mon cœur,
Je l'entens, je le cherche encore.

ZEPHIRE.

Reconnoissez Zephire au feu qui le dévore.

FLORE.

Dans les antres profonds, dans le ſombre séjour,
Où Cybele tient ſon empire,
Où les fruits, pour ſe reproduire,
De la ſaiſon propice attendent le retour,
Je diſois le Soleil luit au moins ſur Zephire.

ZEPHIRE.

Le Soleil a ſemblé partager mes ennuis,
Caché ſous un nuage il a ceſſé de luire;
Je n'ai point vû de jours, je n'ai vû que des nuits.

Je tremble à vous tracer ce ſpectacle funeſte,
Les arbres arrachés par les vents en fureur,
Les torrens deſcendus de la voute céleſte,
Les champs glacés, la nature en langueur,
Des mortels conſternés l'immobile frayeur:
Moi-même je ne dois le ſoufle qui me reſte
Qu'aux flâmes, que l'Amour conſervoit dans mon cœur.

FLORE.

Mais quel lieu te cachoit? Sous quels abris tranquiles...?

ZEPHIRE.

Vous voyez ces Cyprès, leurs feuillages ſteriles
Conſervez par l'hiver augmentoient ſes horreurs,
Ils étoient baignés de mes pleurs.

FLORE.

L'hiver & ſes cruels ravages
Ne m'auroient point cauſé d'effroi :
Ta préſence eût banni l'horreur de ces rivages,
S'il m'eût été permis d'y ſoufrir avec toi.

ZEPHIRE.

Ne ſongeons qu'aux plaiſirs dont ma peine eſt ſuivie.
Je reprens à vos pieds une nouvelle vie,
Et vous rendez pour la premiere fois
L'eſſor à mes ſoupirs, & la force à ma voix.

FLORE.

Mon ame ſe renouvelle
A meſure que je te vois,
Et que je te vois fidelle.
Croirois-tu qu'Aquilon contre nous irrité,
Aquilon moins jaloux, qu'ennemi de ma flâme,
Juſques dans mon azile épouvantoit mon ame
Par de nouveaux ſoupçons de ta fidelité?

ZEPHIRE.

Ne connoiſſiez-vous pas & mes feux & vos charmes?

FLORE.

Tu n'étois pas présent pour calmer mes alarmes.

Tu sçais combien de fois mon inquiete ardeur,
Ma jalouse délicatesse,
M'ont fait pâlir, rougir, & sécher de douleur.
Je te vois, je te parle, & je tremble sans cesse
De ne pouvoir t'arrêter :
Je reproche au destin les aîles qu'il te laisse,
Et quand je les vois s'agiter,
Je crois que c'est pour me quitter.

ZEPHIRE.

Non non, rien ne vous peut dérober ma tendresse.

Si l'on me voit voler de momens en momens
De la rose au jasmin, du lis à l'amarante,
Sous de differens ornemens,
C'est toujours Flore qui m'enchante.

FLORE.

Certaine de ton retour,
Je te permets de paroître volage :
C'est de nouveaux tributs enrichir notre amour.
Tes conquêtes chaque jour
Ne feront qu'ajouter un prix à ton hommage.

ENSEMBLE.

Amour, rempli tous nos inſtans,
Reſſerre une chaîne ſi belle :
Que notre ardeur toujours nouvelle
Dans toutes les ſaiſons ramene le Printems.

ZEPHIRE.

Bergers, peuple cheri de Zephire & de Flore,
Paroiſſez, vous ſentez tout le prix des beaux jours.

FLORE.

Le reſte des mortels les voit & les ignore.

ZEPHIRE.

Un autre ſoin les flatte, ou les dévore.

FLORE.

Chantez, Bergers, imitez nos amours,
De nos plaiſirs les vôtres vont éclore.

On danſe.

SCENE V.

ZEPHIRE, FLORE, BERGERS, BERGÉRES.

CHŒUR.

AImer, & plaire
Sont nos ſeules loix,
Tout amant eſt ſincere
Dans nos bois,
Toute bergere
N'aime qu'une fois,
Les faveurs fixent notre choix.

ZEPHIRE, & FLORE.

Dieu de Cythere,
Ne nous quitte pas,
Prévien, anime, éclaire
Tous nos pas.

CHŒUR.

Dieu de Cythere,
Ne nous quitte pas:
Qui ſent mieux que nous tes appas?

FLORE.

L'Amour eſt-il une foibleſſe?

CHŒUR.

CHŒUR.

Non, que ce Dieu nous bleſſe.

ZEPHIRE.

Eſt-il de beaux jours ſans tendreſſe?

ENSEMBLE, & LE CHŒUR.

Contre ſon bonheur
Faut-il qu'un cœur
S'arme ſans ceſſe ?
Non, que ce Dieu nous bleſſe.

Aimer & plaire, &c.

FLORE.

Serrons nos chaînes.

ZEPHIRE.

Aimons nos peines.

ENSEMBLE.

Un deſtin ſi doux
N'étoit dû qu'à nous.
Tout nous enchante,
Deſirs, attente,
Tranſports, langueurs,
Yvreſſe des cœurs.

CHŒUR.

Aimer, & plaire,
Sont nos ſeules loix,
Tout amant eſt ſincere
Dans nos bois,
Toute Bergere
N'aime qu'une fois;
Les faveurs fixent notre choix.

On danſe.

FLORE.

Volez, oiſeaux, ſur ces naiſſans feuillages,
Célébrez le retour de l'aimable Printems;
Chantez, que vos tendres ramages
Soient des leçons pour les amans.

On danſe.

LE CHŒUR.

Aimer, & plaire, &c.

FIN DE LA SECONDE ENTRÉE.

L'ETÉ.

Triptolemo, terræque rudi dare semina jussit.
Quernaque glans victa est utiliore cibo.

Fastor. 48.

Si Cérès n'eut aimé, l'on nous verroit encore
Disputer la pâture aux monstres des forêts :
Elle épanche ses dons sur un Roi qui l'implore,
L'Eté doit encor plus à l'Amour qu'à Cérès.

TRIPTOLEME Roi d'Eleusis, à qui Cérès donna un vase contenant toutes sortes de grains, & qu'elle instruisit à semer le bled, est le personnage qu'on met sur la scene. Il épousa Meganyre, Princesse de Sicile, attachée au culte de Cérès. Il institua les Ambarvales en l'honneur de cette Déesse. C'étoit une fête qu'on célébroit pendant la moisson par des chants & des danses, elle est décritte au premier livre des Georgiques.

ACTEURS CHANTANS.

LE ROI D'ELEUSIS,	Mr de Chaſſé.
MEGANYRE, Princeſſe de Sicile, Prêtreſſe de Cérès.	Mlle Romainville.
IPHISE,	Mlle Jacquet.
ARCAS, Ambaſſadeur de Sicile,	Mr Perſon.
LE CORIPHÉE des Peuples d'Eleuſis.	Mr Poirier.

PERSONNAGES DANSANS.

PRÊTRESSES DE CÉRES.

Mr Monferrin. Mlle Carrille.

Mlles Rozaly, Petit, Puvigné, Lyonois-C. Devaux, Duchateau.

PEUPLES D'ELEUSIS.

Mr Dupré.

Mrs Dupré, Caillez, Feuillade, Lyonois, Malter-C. P. Dumoulin.

L'ETÉ.

Le théatre réprésente une campagne couverte de bleds prêts à être moissonnés. L'on découvre un temple de Cérès dans l'éloignement.

SCENE PREMIERE.

MEGANYRE, IPHISE.

IPHISE.

L'Usurpateur n'est plus, la Sicile est en paix.
Votre vertu, vos larmes, vos attraits
Ont fléchi du destin la rigueur inhumaine:
Et vos peuples charmés reconnoîtront leur Reine
Dans la Prêtresse de Cérès.

De vos pleurs la source est tarie.

MEGANYRE.

Eh ! Quel Héros, quel Dieu délivre ma patrie !
C'eſt lui, c'eſt le Monarque adoré dans ces lieux ;
C'eſt ce mortel ſi ſemblable à nos dieux,
Dont ſur mon ſort l'ame attendrie,
Dont les ſoins empreſſés, les ſoupirs & les vœux
Font tout le bonheur de ma vie.
Il ignore mon rang, j'oublie auſſi le ſien,
Le ſeul panchant des cœurs forme notre lien.

IPHISE.

Goutez une douce eſpérance,
Quand le ſort vous rend tous vos droits.
Ah ! Qu'il eſt beau d'acquitter à la fois
L'amour & la reconnoiſſance !
Votre ſecret doit bien-tôt éclater.

MEGANYRE.

Gardons encore un ſilence
Dont l'amour peut profiter.

SCENE II.

LE ROI, MEGANYRE.

LE ROI.

CE jour doit vous offrir, adorable Prêtreſſe,
Un peuple à qui mon bras a prêté ſon appui.
Ses malheurs vous touchoient, ſon bonheur m'interreſſe,
Ne voyez que ma tendreſſe,
Dans tout ce que j'ai fait pour lui.

MEGANYRE.

Vous ajoutez ſans ceſſe à mon bonheur ſuprême,
Votre vie a-t'elle un moment,
Qui ne grave en mon cœur le Héros & l'Amant?
Je puis toujours admirer ce que j'aime.

LE ROI.

Ma gloire eſt un de vos bienfaits,
S'il eſt quelques vertus qui parent ma puiſſance,
N'en ai-je pas cherché dans vos yeux ſatisfaits
Et la ſource & la récompenſe ?

MEGANYRE.

La ſageſſe avec la valeur,
L'art de vaincre, le ſoin d'adoucir la victoire,
De votre Régne heureux tout accroît la ſplendeur :

Ah ! Qu'il m'eſt doux de croire,
Que malgré tant d'éclat, de puiſſance, & de gloire ;
Je manquois à votre bonheur ?

L E R O I.

Si je puis me flatter du retour le plus tendre,
Par des nœuds éternels couronnons notre amour.

M E G A N Y R E.

Non, à tant de grandeurs je ne dois pas prétendre.

Mais aux jeux de Cérès je préſide en ce jour,
J'entens déja le peuple, & ſes cris d'allegreſſe.
Nous joindrons votre nom au nom de la Déeſſe.

S C E N E I I I.

LE ROI, MEGANYRE, PRÉTRESSES DE CÉRES; PEUPLES D'ELEUSIS, CORIPHÉE DES PEUPLES.

MEGANYRE, & LES PRETRESSES.

Pour la fête de Cérès,
Que d'attraits
La terre étale !
L'Eté de ſes feux
Exhale
Des parfums précieux :
L'Aurore plus matinale
Ouvre les cieux.

L'Aſtre

L'Aſtre des jours,
Qui s'intereſſe
Pour la Déeſſe,
Prolonge leur cours.

On danſe.

LE CORIPHÉE,

Alternativement avec le C H Œ U R.

O Cérès, voi le zéle
D'un Peuple fidele,
Nos campagnes, nos cœurs
Reſſentent tes faveurs.

De tes ſoins bienfaiſans
L'attente eſt certaine,
La ſaiſon nous raméne
Tes préſens
Tous les ans.

Le plus rare avantage
Embellit ces lieux.
De tes dons heureux
Nos premiers ayeux
Ignoroient l'uſage.
Notre âge eſt encor
Plus doux que l'âge d'or.

C'eſt à tes fertiles moiſſons
Qu'on doit l'opulence:

Quels trésors égalent les dons
Que ta main dispense !
Vien marquer ta puissance,
Fai régner à jamais
Les plaisirs & la paix.

On danse.

LE CORIPHÉE,

Alternativement avec le CHŒUR.

Pour un Roi qui t'implore
Tu vins sur ces bords,
Tu fis éclore
Tes premiers trésors.

Veille sur ces lieux,
En faveur du Maître,
Rend le Peuple heureux.
Que de beaux jours vont naître !

C'est toi qu'implorent tous nos vœux :
Triomphe, aplaudis à nos jeux.

LE ROI.

Prêtresse, aux immortels offrez nos sacrifices,
L'Olympe vous répond par les plus doux auspices :
Tous les tributs du zéle des humains
S'embellissent encore en passant par vos mains,
Et rendent les Dieux plus propices.

SCENE IV.

LE ROI, MEGANYRE, ARCAS.

ARCAS.

LA Sicile, Seigneur, emprunte ici ma voix,
Pour rendre à vos vertus un légitime hommage :
Sa délivrance est votre ouvrage ;
Achevez son bonheur en lui donnant des loix.

LE ROI.

Le Ciel, qui m'a choisi pour briser votre chaîne,
Me défend d'usurper les droits de votre Reine.

ARCAS.

Mais refuseriez-vous, & sa main, & son cœur ?

LE ROI.

O Dieux !

MEGANYRE, au ROI.

Vous balancez sur un choix si flatteur ?
Recevez la Couronne...
Ah ! croyez-en l'Amour, c'est l'Amour qui l'ordonne.

LE ROI.

Quoi ! l'Amour voudroit-il détruire mon bonheur ?

J'ai cru trouver en vous l'Amante la plus tendre.
Hélas! Devois-je m'attendre
A cet excès de rigueur?
Falloit-il recevoir mon cœur,
Pour me forcer à le reprendre?

MEGANYRE.

C'eſt trop éprouver votre ardeur:
Dans votre Amante enfin, connoiſſez Meganyre,
Et des mains de l'Amour recevez un Empire
Que m'a rendu votre valeur.

LE ROI, A MEGANYRE.

Vous, Meganyre, vous! Eh pourquoi ce myſtere?
Pourquoi me cachez-vous un rang ſi glorieux?

MEGANYRE.

J'ai poſſedé ſans lui le bonheur de vous plaire.

LE ROI.

Il n'ajoute rien à mes feux:
Je l'ignorois, & mon ardeur ſincere,
De l'hymen vous offroit les nœuds.

MEGANYRE.

Votre gloire m'étoit trop chere.

Notre hymen, juſqu'à ce jour
Eût fait murmurer la Gloire:

Mon ſort change, & j'oſe croire
Que la Gloire n'a plus à combattre l'Amour.

ENSEMBLE.

Quels tranſports charmans !
Quels heureux momens !
Objet de ma flâme,
Liſez dans mon ame
Tout l'amour que je reſſens.

LE ROI.

Nos cœurs, & nos Etats s'uniſſent pour jamais:
Rendons grace à l'Amour, célébrons ſes bienfaits.

On danſe.

SCENE V.

LE ROI, MEGANYRE, ARCAS, LE CORIPHÉE.

PEUPLES D'ELEUSIS, PEUPLES DE SICILE.

LE CORIPHÉE, ET LE *CHŒUR*.

De ce grand Jour éternisons la gloire :
Chantons un Roi chéri des Mortels & des Dieux ;
Il fait le bonheur de ces lieux :
Quelle plus brillante victoire ?

On danse.

FIN DE LA TROISIÉME ENTRÉE.

L'AUTONNE.

Quæ modo fila fuerunt
Palmite mutantur, de ſtamine pampinus exit.

Metam. 4.

La nature offre au goût tous les fruits de l'Automne,
L'Art les imite auſſi, pour enchanter les yeux.
Les efforts des Mortels, & les préſens des Dieux
Sont autant d'attributs, dont l'Auteur ſe couronne.

ON a peint L'AUTONNE *dans l'Iſle de Corcyre, où Homere a placé les Jardins d'Alcinoüs, où les fruits renaiſſoient ſous la main qui les cueilloit.*

On a choiſi la fable de La Minéide, qui repréſentoit ſur la laine & ſur la ſoye tous les fruits d'après les plus beaux modeles que la Nature peut offrir.

Cette fameuſe Eleve de Minerve, vit ſa tapiſſerie métamorphoſée, & une treille véritable ſuccéder à celle qu'elle avoit tracée. Le prodige conſacroit l'ouvrage; l'imitation de l'objet devenue l'objet même, eſt le triomphe de l'Art. Ce prodige eſt ſemblable à celui que Bacchus opera dans un autre occaſion, l'orſqu'il fit changer en treille le Vaiſſeau des Tyrrheniens. La Nymphe eſt aimée du Dieu dont elle a célébré les dons: il ſçait lui plaire en flattant les talens auſquels elle eſt attachée.

ACTEURS CHANTANS.

BACCHUS,	Mr Jeliote.
SILENE,	Mr Le Page.
LA MINEIDE,	Mlle Chevalier.
UNE BACCHANTE,	Mlle Jacquet.

PERSONNAGES DANSANS.

FAUNES, ET BACCHANTES.

Mr Pitrot.

Mrs Monſervin, Dumay, Dupré, Caillez, Feuillade, Malter-C.

Mlle Camargo.

Mlles Carville, Lyonois, Pitrot, Beaufort. Petit, Rozaly.

L'AUTONNE.

L'AUTONNE.

Le théatre repréſente le Sallon où la fille de MINÉE *travailloit à ſes fameuſes tapiſſeries.*

On voit les cartons, les deſſeins & le métier tendus.

SCENE PREMIERE.

BACCHUS.

AMour, il te falloit pour ſoumettre mon cœur,
Inventer de nouvelles armes.
Ariane autrefois m'a touché par ſes larmes;
La beauté d'Erigone excita mon ardeur;
Tu réunis dans mon dernier vainqueur
Tous les talens, & tous les charmes.
Amour, il te falloit, pour ſoumettre mon cœur,
Inventer de nouvelles armes.

SCENE II.

BACCHUS, SILENE.

SILENE.

QUoi! Bacchus, qu'on a vû chez cent peuples divers,
Répandre des bienfaits, recueillir des hommages,
Veut-il borner ici ſa gloire & ſes voyages.

BACCHUS.

Ami, que ces lieux me ſont chers?

SILENE.

De la divine Pomone
Cette Iſle eſt le vrai ſejour:
C'eſt peu des fruits qu'elle donne,
Ils renaiſſent chaque jour
Sous la main qui les moiſſonne.

BACCHUS.

Un prodige auſſi rare éterniſe à nos yeux
Ce ſpectacle qui naît & meurt avec l'Autonne:
La Nature eſt moins belle & moins riche en ces lieux,
Que l'Art qui l'imite, & l'étonne.

La Nimphe qui poſſede un don ſi précieux,
La fille de Minée occupe ici mes vœux.

SILENE.

Avez-vous triomphé de ſon indifference ?

BACCHUS.

J'attens tout mon bonheur de ma perſéverance.

Qu'elle trace Venus, les Graces, & les Ris,
Ou du Maître des Dieux quelque tendre conquête,
On me conſulte, j'applaudis,
Sur moi quelque regard s'arrête :
Je demande des traits plus doux, ou plus hardis,
Mes conſeils ſont peu contredits,
Et des ſecours, que je lui prête,
Je vois de loin l'Amour qui me montre le prix.

SILENE.

Mais pourquoi d'un Mortel emprunter l'apparence?

BACCHUS.

Le voile qui me couvre eſt plus doux qu'on ne penſe,
Le Dieu nuiroit à l'Amant :
Mais par mon déguiſement,
De l'objet de mes feux j'obtiens la confiance.

SILENE.

Par un agréable détour
Vous volez à la victoire :
Vous devrez tout à l'Amour,
Vous n'empruntez rien de la Gloire.

BACCHUS.

La Nymphe va se rendre à ses nobles travaux;
Ses regards arrêtés sur des objets si beaux,
Me laisseront jouir de sa présence:
Eloigne-toi, je la voi qui s'avance.

SCENE III.

LA MINEIDE, BACCHUS.

LA MINEIDE, en regardant son ouvrage.

DEs leçons de Minerve objet & récompense,
Agréables travaux, vous comblez mes desirs.
Les beaux Arts sont les vrais plaisirs,
Plaisirs purs, & toujours goutés en assurance.
Sans vous, le sombre ennui pese sur nos loisirs.

Des leçons de Minerve, *&c.*

Appercevant BACCHUS.

Je vous souhaitois en ces lieux.

BACCHUS.

Que ce souhait m'est précieux!

On court risque de vous déplaire,
A vanter de vos yeux les charmes souverains:
Mais on peut admirer sans être témeraire,
Tous les prodiges de vos mains.

Du Génie & de l'Art cet heureux assemblage,
Ces Tableaux animés, ces tissus immortels,
Tout enchante mes sens, & voilà les autels
Où le Goût vous rend son hommage.

LA MINEIDE.

Peu content d'animer mes timides essais,
Vous préparez, vous hâtez mes succès.
C'est vous qui de Bacchus m'avez conté l'histoire,
De son triomphe on desse les aprêts;
Je veux qu'il trouve ici des traces de sa gloire.

Elle lui montre le Carton de la Naissance de BACCHUS.

Donnez-moi vos conseils sur ce Dessein nouveau...
Les flâmes, les éclairs entourent son berceau.

BACCHUS.

Il est l'enfant du tonnerre,
Mais c'est le Dieu de la paix:
Et les plaisirs désormais
Vont le suivre sur la terre.

LA MINEIDE.

Sa mere Semelé fut digne d'enflâmer
Le Dieu, dont l'univers adore la puissance.

BACCHUS.

Bacchus fidele à sa naissance
Ne doit vivre que pour aimer.

LA MINEIDE.

Je m'en ſuis ſouvenue, & j'ai ſçu l'exprimer.

Elle montre le tableau D'ARIANE & BACCHUS.

Ici pour Ariane on le voit qui ſoupire,
Il eſt à ſes genoux.

BACCHUS.

Mais, ſi j'oſe le dire,
La Nymphe étoit moins belle, il avoit moins d'ardeur,
La pitié ſeule intéreſſoit ſon cœur.

LA MINEIDE.

La pitié! Vos récits auroient dû m'en inſtruire.

BACCHUS.

J'effacerois l'Amour, qui le ſuit de ſi près.

LA MINEIDE.

L'aurois-je mal rendu?

BACCHUS.

Non, voilà tous ſes traits.

Enfant timide, il porte un carquois, & des aîles,
Un flambeau dont les étincelles
Nous éclairent ſur notre choix:
Vainqueur rapide, il régne, & fait régner les Belles,
Leur triomphe eſt le ſien, il voudroit à leurs loix
Ne ſoumettre jamais que des cœurs dignes d'elles.

Je vois plus d'un Rival dans vos fers arrêté,
Et malgré vos rigueurs, leur feu s'accroît encore.
Ils aiment.

LA MINEIDE.

Je le crois.

BACCHUS.

Aimez-vous ?

LA MINEIDE.

Je l'ignore.
Je souffre avec tranquillité
Leur discours & leur silence :
Je n'ai craint ni souhaité
Leur départ ni leur présence.

BACCHUS.

Quoi, votre cœur toujours croit être en sureté
Contre l'Amour & sa puissance !

LA MINEIDE.

Est-ce un si grand bonheur de se laisser charmer ?

BACCHUS.

N'en doutez pas.

LA MINEIDE.

Enfin, qu'est-ce qu'aimer ?

BACCHUS.

Aimer, c'eſt ne penſer qu'à l'objet qu'on préfére ;
C'eſt lui ſacrifier tout ce qui peut nous plaire,
C'eſt mourir de l'abſence & revivre au retour :
Mélange de joie, & de larmes,
Troubles, ſecrets deſirs, que l'on craint tour à tour
D'étouffer & de mettre au jour,
Ah, l'on vous reſſent mieux, qu'on ne dépeint vos charmes !

LA MINEIDE, *à part.*

Ses diſcours n'ont-ils point un charme dangereux?
Non, mon cœur eſt toujours paiſible.

BACCHUS, *à part.*

Elle rêve, ſe trouble, & détourne les yeux.

LA MINEIDE, *à part.*

L'écouterai-je encor ?

BACCHUS, *à part.*

Seroit-elle ſenſible ?
Ou l'excès de mes feux ſéduit-il mon eſpoir ?

LA MINEIDE, *à* BACCHUS.

Si c'eſt ainſi qu'on aime, il ne faut plus nous voir.

BACCHUS.

Vous me fuyez !

LA MINEIDE.

LA MINEIDE.

J'y ferai mon poſſible.

BACCHUS.

Amour, voici l'inſtant d'annoncer ton pouvoir.

CHŒUR, *derriere le Théâtre.*

Suivons Bacchus, ſuivons tous notre Maître
A la trace de ſes bienfaits.

LA MINEIDE.

Eh quoi, ce Dieu va paroître!
De mille chants nouveaux retentit ce Palais.
Allons... mais dans ces lieux tout a changé de face.

Le théatre change, & repréſente des Treilles & des Pampres de vigne qui embraſſent les arbres.

Que vois-je! Quels tréſors aux arbres ſuſpendus!

BACCHUS.

Tandis que votre main les trace,
L'ouvrage eſt achevé par la main de Bacchus.

LA MINEIDE.

Que n'êtes-vous ce Dieu!

BACCHUS.

Ce ſouhait fait ma gloire.
Les vœux d'un Dieu vous étoient dûs,
A vos regards je ne me cache plus.
Voyez quel appareil orne votre victoire.

I

LA MINEIDE.

Bacchus, par mille ſoins touchans,
A préparé le ſuccès de ſa flâme :
Saiſir nos goûts & flatter nos panchans,
Eſt le plus sûr moyen de régner dans notre ame.

ENSEMBLE.

L'Amour nous devoit ſes faveurs,
C'eſt de vous qu'il dépend de les rendre éternelles :
Il régne, il enflâme nos cœurs,
Qu'il n'en ſoit point de plus fidelles.

BACCHUS.

On améne à vos piés mes peuples ſatisfaits,
Ce n'eſt qu'à vous qu'ils doivent mes bienfaits.

SCENE DERNIERE.

BACCHUS, LA MINEIDE, SILENE, EGYPANS, BACCHANTES.

SILENE, ET LE CHŒUR.

TRiomphez de Bacchus, les plaiſirs ſont ſes armes,
Il déroboit des ſujets à l'Amour :
A ce vainqueur il ſe rend à ſon tour :
Sur nos jours, ſur les ſiens verſez les plus doux charmes.

On danſe.

SILENE.

Régne divin Bacchus, joui de ta victoire,
Rassemble parmi nous les plaisirs & les jeux,
Ta liberté faisoit ta gloire,
Ta défaite est encor plus charmante à nos yeux.

On danse.

SILENE,

Alternativement avec le CHŒUR.

Dieu de nos cœurs,
Les nobles fureurs,
Qui nous saisissent,
Qui nous ravissent,
Sont tes plus cheres faveurs.

Qui céde
A tes transports
Possede
Tous les trésors.

Dieu redoutable,
Dieu favorable,
Ton Tyrse aimable
L'emporte sur les dards
Du dieu Mars.

O Bacchus,
Tous nos vœux te sont dûs.

CHŒUR DE BACCHANTES.

Sur lequel on danse.

Les Jeux, les Ris
Te sont soumis,
Le fils
De Cypris
Te doit ta gloire :
Tu peux hâter
Sa victoire,
Ou l'arrêter.

CHŒURS.

Dieu de nos cœurs,
Les nobles fureurs,
Qui nous saisissent,
Qui nous ravissent,
Sont tes plus cheres faveurs.

FIN.

APPROBATION.

J'Ai lû par ordre de Monseigneur le Chancelier une Réimpression de *l'Année Galante*, *Ballet Héroique*, & je l'ai trouvé exactement conforme aux deux Editions faites par exprès commandement du Roi. A Versailles ce 21 Mars 1747. DEMONCRIF.

Le Privilége se trouve à la fin des autres Opéra.

A PARIS, de l'Imprimerie de la V. DELORMEL, rue du Foin, à Ste Geneviéve.

www.ingramcontent.com/pod-product-compliance
Ingram Content Group UK Ltd.
Pitfield, Milton Keynes, MK11 3LW, UK
UKHW021636260726
13994UKWH00003B/1202

9 782329 460611